essentials

Meinrad Höfferer • Tamara Lenger
Dietmar Sternad

Der Exportprozess

Eine kompakte Einführung

MMag. Meinrad Höfferer
Wirtschaftskammer Kärnten
Klagenfurt
Österreich

Tamara Lenger, MA
Fachhochschule Kärnten
Villach
Österreich

FH-Prof. Dr. Dietmar Sternad
Fachhochschule Kärnten
Villach
Österreich

ISSN 2197-6708
ISBN 978-3-658-06132-6
DOI 10.1007/978-3-658-06133-3

ISSN 2197-6716 (electronic)
ISBN 978-3-658-06133-3 (eBook)

Die Deutsche Nationalbibliothek verzeichnet diese Publikation in der Deutschen Natio-
nalbibliografie; detaillierte bibliografische Daten sind im Internet über http://dnb.d-nb.de
abrufbar.

Springer Gabler
© Springer Fachmedien Wiesbaden 2014

Gedruckt auf säurefreiem und chlorfrei gebleichtem Papier

Springer Gabler ist eine Marke von Springer DE. Springer DE ist Teil der Fachverlagsgruppe
Springer Science+Business Media
www.springer-gabler.de

Vorwort

Die Exportwirtschaft bildet das stabile Rückgrat für die gesamtwirtschaftliche Entwicklung in den deutschsprachigen Ländern. Um vom Außenhandel profitieren zu können, ist ein solides Grundwissen über die wesentlichen Abläufe bei der Abwicklung internationaler Waren- und Dienstleistungsgeschäfte eine wichtige Voraussetzung. In diesem Essential wird exportwilligen Unternehmen und Studierenden des Exports und der Außenwirtschaft ein kompakter Überblick über die wesentlichen Schritte bei der operativen Abwicklung von Exporten sowohl innerhalb der Europäischen Union als auch in Drittländer geboten.

Die Inhalte dieses Essentials basieren im Wesentlichen auf einem Kapitel des im Verlag Springer Gabler erschienenen und von Dietmar Sternad, Meinrad Höfferer und Gottfried Haber herausgegebenen Buches „Grundlagen Export und Internationalisierung" (Sternad et al. 2013), in dem der gesamte Prozess der Planung und Umsetzung von Internationalisierungsvorhaben ausführlich beschrieben wird. In diesem Buch werden neben der Entwicklung der Internationalisierungs- und Markteintrittsstrategie und des Marketingkonzeptes auch Aspekte der Exportfinanzierung, der internationalen Zahlungsabwicklung, der Export- und Internationalisierungsförderung und der Risikominimierung im internationalen Geschäftsverkehr betrachtet.

In vielen Unternehmen sind der grundsätzliche Entschluss zur Internationalisierung bereits gefallen und die Rahmenbedingungen geklärt. Dann geht es darum, Waren und Dienstleistungen im täglichen Geschäft möglichst reibungslos grenzüberschreitend zu liefern. Einen Überblick über die wesentlichen dafür notwendigen Abläufe und zu beachtenden Vorschriften in kompakter Form zugänglich zu machen, das ist das Anliegen des Verlages und der Autoren mit diesem Essential.

Wir hoffen, Ihnen damit einen übersichtlichen Leitfaden zur Abwicklung Ihrer Exportvorhaben in die Hand geben zu können, und wünschen Ihnen viel Erfolg mit Ihren Auslandsgeschäften.

Was Sie in diesem Essential finden können

- Einen Überblick über alle notwendigen Schritte für die operative Exportabwicklung.
- Die wesentlichen Unterschiede zwischen einer Warenlieferung innerhalb der Europäischen Union und einer Ausfuhr in Drittländer.
- Eine Übersicht über die beim Export zu beachtenden umsatzsteuerlichen und zollrechtlichen Aspekte.
- Hinweise zur Ausgestaltung von Exportkalkulationen und Exportverträgen.
- Zusätzliche Informationen darüber, was beim Export von Dienstleistungen und beim Import von Waren zu berücksichtigen ist.

Inhaltsverzeichnis

Einleitung

1

Export ist die häufigste Markteintrittsform im internationalen Geschäft, vor allem auch für kleinere und mittelständische Unternehmen. Da es für Lieferungen innerhalb der Europäischen Union (EU) Sonderregelungen gibt, ist zwischen zwei Typen von Exportprozessen zu unterscheiden:

1. Die innergemeinschaftliche Lieferung
2. Die Ausfuhr in Drittländer

Von einer **innergemeinschaftlichen Lieferung** spricht man, wenn Waren aus einem Mitgliedsstaat der EU an einen Unternehmer in einem anderen Mitgliedsstaat geliefert werden. Je nachdem, ob der Empfänger der Leistung eine Privatperson oder ein Unternehmen ist, gelten unterschiedliche Regelungen für den Lieferanten.

Als **Ausfuhr in Drittländer** bezeichnet man den Warenexport von einem EU-Land in einen Staat außerhalb des Zollgebietes der EU. Je nach Bestimmungsland gelten unterschiedliche Vorschriften und Dokumentenerfordernisse, die aber jeweils für alle Mitgliedsstaaten der EU einheitlich sind.

Vom Warenexport zu unterscheiden ist der **Dienstleistungsexport**, der ebenfalls zwischen EU-Staaten oder in Drittländer erfolgen kann. Dieser unterscheidet sich von grenzüberschreitenden Warenlieferungen vor allem in den umsatzsteuerrechtlichen Regelungen sowie durch Spezifika bei den Meldepflichten.

Wie beim Export ist auch beim Import die Unterscheidung zwischen dem **innergemeinschaftlichen Erwerb** und dem **Import aus Drittländern** von Bedeutung.

Im den folgenden Kapiteln dieses Essentials wird die operative Abwicklung der einzelnen Formen des Waren- und Dienstleistungsverkehrs näher beleuchtet.

M. Höfferer et al., *Der Exportprozess*, essentials,
DOI 10.1007/978-3-658-06133-3_1, © Springer Fachmedien Wiesbaden 2014

Innergemeinschaftliche Lieferung 2

Der Grundstein für den freien Warenverkehr in Europa und somit auch für die für den Export wesentliche Unterscheidung zwischen innergemeinschaftlicher Lieferung und der Ausfuhr in Drittländer wurde bereits mit der Unterzeichnung der römischen Verträge und der Gründung der Europäischen Wirtschaftsgemeinschaft (EWG) im Jahr 1957 gelegt. Das Ziel eines gemeinsamen **Binnenmarktes** wurde in der 1987 in Kraft getretenen Einheitlichen Europäischen Akte konkretisiert und schrittweise bis zum 1. Januar 1993 implementiert. Die Umsetzung beinhaltete insbesondere die Abschaffung der Zölle und sonstiger Handelsbarrieren (wie zum Beispiel Einfuhrquoten, Embargos oder wettbewerbsverzerrende staatliche Förderungen) zwischen den Mitgliedsstaaten der Europäischen Union.

Auch wenn Zollgrenzen und Zollformalitäten im EU-Binnenmarkt der Vergangenheit angehören, so gibt es in bestimmten Fällen immer noch sogenannte Ausfuhrkontrollen. Unternehmen sollten also auch innerhalb der EU überprüfen, ob es im Bestimmungsland für gewisse Produkte und Dienstleistungen **Sonderregelungen** gibt. Dies ist der erste Schritt im Prozess der Abwicklung einer innergemeinschaftlichen Lieferung, der in Abb. 2.1 im Überblick dargestellt wird.

Als nächster Schritt folgt die **Kalkulation des Exportpreises**, dessen Höhe stark von den jeweils verwendeten internationalen Handelsklauseln (den sogenannten *Incoterms*) abhängt. Auf Basis dieser Kalkulation wird den potenziellen Kunden ein **Exportangebot** gestellt.

Sind sich Verkäufer und Kunde über Preis und Konditionen einig, so wird anschließend ein **Vertragsentwurf** erarbeitet. Bei grenzüberschreitenden Geschäften sind dabei vor allem auch das anwendbare Recht und der Gerichtsstand zu vereinbaren. Erhält jeder Vertragspartner den Entwurf in seiner jeweiligen Landessprache, so muss sichergestellt werden, dass beide Versionen des Vertrages inhaltlich deckungsgleich sind.

M. Höfferer et al., *Der Exportprozess*, essentials,
DOI 10.1007/978-3-658-06133-3_2, © Springer Fachmedien Wiesbaden 2014

Abb. 2.1 Der Prozess der innergemeinschaftlichen Lieferung. (Quelle: eigene Darstellung)

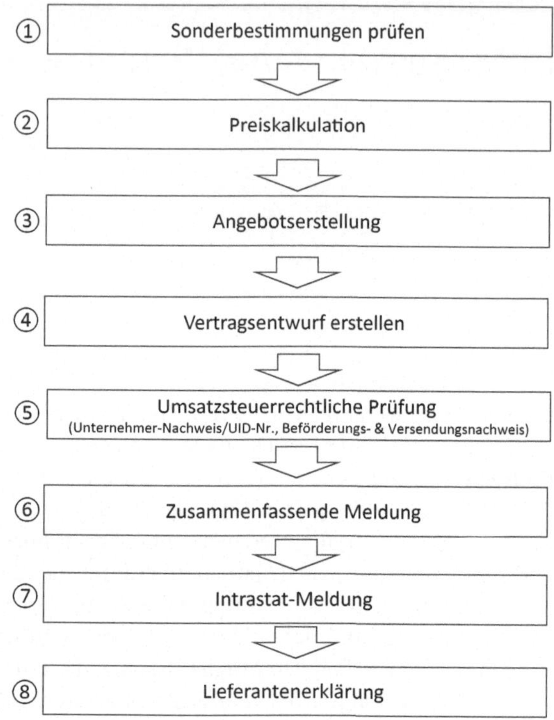

Ein wesentliches Element des Exportprozesses innerhalb der EU ist die **umsatzsteuerrechtliche Prüfung** einschließlich der Überprüfung der Umsatzsteueridentifikationsnummer. Weiters sind die **Zusammenfassende Meldung**, die **Intrastat-Meldung** sowie bei Bedarf die **Lieferantenerklärung** zu erstellen. Im Folgenden werden die einzelnen Schritte der Abwicklung einer innergemeinschaftlichen Lieferung genauer beschrieben.

2.1 Sonderbestimmungen bei der Wareneinfuhr innerhalb der EU

Trotz des grundsätzlichen Rechts des freien Warenverkehrs innerhalb der EU gibt es für bestimmte Waren Sonderbestimmungen, die beachtet werden müssen. So sind zum Beispiel **verbrauchssteuerpflichtige Waren** wie Alkohol, alkoholhaltige

Getränke, Tabak(waren) und Mineralöle unabhängig von der Liefermenge im Bestimmungsland zu versteuern. Des Weiteren sind in diesen Fällen die Behörden im Versendungs- wie auch im Bestimmungsland von der Lieferung zu informieren. Die Waren müssen dabei außerdem mit bestimmten Überwachungsdokumenten versehen werden.

Wie verbrauchssteuerpflichtige Waren sind auch **Lieferungen neuer Kraftfahrzeuge** unabhängig vom Empfänger immer im Bestimmungsland umsatzsteuerbar. Grenzüberschreitende Verkäufe von Gebrauchtwagen mit einer Zulassungsdauer von mindestens sechs Monaten und mit einem Mindestkilometerstand von 6000 km an Privatpersonen sind von dieser Regelung nicht betroffen. Zusätzliche nationale Abgaben wie etwa die Normverbrauchsabgabe (NOVA) in Österreich sind aber dennoch im Bestimmungsland abzuführen.

Güter, die sowohl militärisch als auch zivil genutzt werden können (z. B. Meeres- und Schiffstechnik, Chemikalien, kerntechnische Ausrüstung, bestimmte Technologien) nennt man **„Dual-Use-Güter"**. Solche Güter mit doppeltem Verwendungszweck, die in der EG-Dual-Use-Verordnung 388/2012 gelistet sind, unterliegen einer Ausfuhrkontrolle. Nicht umfasst davon sind etwa Waffen oder Munition, da diese sogenannte Single-Use- bzw. Militärgüter der nationalen Gesetzgebung der EU-Mitgliedsstaaten unterliegen.

Für **Kosmetika** gibt es je nach Bestimmungsland unterschiedliche Regelungen hinsichtlich der zugelassenen Substanzen, und auch **Arzneimittel** unterliegen strengen nationalen Zulassungsverfahren.

Einige **technische Produkte**, wie beispielsweise Elektrogeräte, Maschinen oder Bauprodukte, müssen mit einer CE-Kennzeichnung versehen sein, um in allen EU-Mitgliedsstaaten verkauft werden zu dürfen. Die CE-Kennzeichnung bestätigt, dass das jeweilige Produkt den Rechtsvorschriften und technischen Spezifikationen entspricht und ist damit auch als Marktzulassungszeichen zu verstehen. Grundsätzlich ist der Hersteller für die Zertifizierung verantwortlich, allerdings sind hier auch die jeweils anzuwendenden Richtlinien zu beachten.

Um der Verbreitung von Tierseuchen und den damit verbundenen gesundheitlichen Beeinträchtigungen von Menschen vorzubeugen, gibt es innerhalb der EU spezielle Regelungen für den Handel mit **Tieren und tierischen Produkten**. Sind diese für den innergemeinschaftlichen Handel bestimmt, werden sie im Ursprungsland regelmäßigen und im Bestimmungsland stichprobenartigen Kontrollen unterworfen. Außerdem müssen die Tiere oder tierischen Produkte entsprechend gekennzeichnet sein. Beim Transport sind die erforderlichen Bescheinigungen und Dokumente mitzuführen.

2.2 Exportpreiskalkulation und Angebotserstellung

Den größten Unterschied zwischen der Preiskalkulation bei Lieferungen innerhalb eines Landes und jener im grenzüberschreitenden Geschäft machen die **Sonderkosten des Auslandsvertriebs** aus, die in folgende fünf Kategorien eingeteilt werden können (WKO 2012):

1. **Verpackungskosten**: Eine sichere und platzsparende Verpackung ist vor allem bei weiten Transportstrecken unerlässlich. Insbesondere beim Transport auf dem Seeweg ist auf eine wasserabweisende Verpackung zu achten. Im Schiffsverkehr ist auch mit längeren Stehzeiten der Ware zu rechnen, für welche diese ausreichend geschützt sein sollte.
2. **Transportkosten** beinhalten die physische Beförderung inklusive sämtlicher Nebenkosten wie Hafenumschlagsgebühren oder Spediteursprovisionen.
3. **Versicherungskosten** inkludieren unter anderem Transport- und Kreditversicherungen, Garantien gegen politische und wirtschaftliche Risiken oder auch Kurssicherungskosten bei der Verwendung unterschiedlicher Währungen.
4. **Kosten der Kontraktabwicklung** sind beispielsweise Beglaubigungen, die Kosten der Ein- und Ausfuhrabwicklung (inklusive sämtlicher Dokumente) sowie Provisionen für Handelsmittler.
5. **Kosten der Zahlungsabwicklung** beinhalten zum Beispiel Überweisungsspesen oder auch Exportkreditzinsen.

Die Sonderkosten des Auslandsvertriebs können auf Angeboten separat ausgewiesen werden, da diese in vielen Fällen nicht unmittelbar vom Exporteur beeinflusst werden können.

In der Übersicht „**Musterkalkulation von Exportaufträgen**" wird ein Kalkulationsschema vorgestellt, das verschiedene Lieferbedingungen berücksichtigt. Je nach vereinbarten Incoterms (welche den Kosten- und Risikoübergang beim Transport regeln) sind dabei unterschiedliche Sonderkosten des Auslandsvertriebs zu berücksichtigen.

Musterkalkulation von Exportaufträgen

(Markterschließungskosten)

+ Materialkosten (variabel)

+ Fertigungskosten (variabel)

+ Sonderkosten der Fertigung (variabel)

= *Herstellungskosten (bei Eigenfertigung) bzw. Einstandspreis (bei Zukauf)*

+ Gemeinkosten (fix)

+ Verwaltungsgemeinkosten (fix)

+ Vertriebsgemeinkosten (fix)

= *Vorläufige Selbstkosten*

+ Finanzierungskosten (Überweisungsspesen, Garantieprämien, Kreditzinsen, Kurssicherungskosten, Skonti, Rabatte etc.)

+ Gewinnzuschlag

= *Preis „Ab Werk" (EXW)*

+ Dokumentenkosten (Ursprungszeugnis, Zertifikate etc.)

+ Transportversicherung bis zum Frachtführer

+ Frachtkosten bis zum Frachtführer

+ Verladekosten

= *Preis „Frei Frachtführer" (FCA)*

+ Frachtkosten bis Bestimmungsort

= *Preis „Frachtfrei benannter Bestimmungsort" (CPT)*

+ Transportversicherung bis Bestimmungsort

= *Preis „Frachtfrei versichert" (CIP)*

+ Frachtkosten bis Bestimmungsort

+ Risikoaufschlag

= *Preis „Geliefert benannter Ort" (DAP)*

+ Entladungskosten am Bestimmungsort

= *Preis „Geliefert Terminal" (DAT)*

+ Erwerbssteuer (= USt)

+ Verbrauchssteuern

= *Preis „Geliefert verzollt" (DDP)*

Bei *Schiffstransporten* innerhalb des Gemeinschaftsgebietes ist obenstehende Kalkulation bis zum Preis „Frei Frachtführer" gleich anzuwenden. Danach wird folgendes Berechnungsschema verwendet:

Übertrag Preis „Frei Frachtführer" (FCA)

+ Frachtkosten bis Verschiffungshafen

+ Lagerkosten

> $= Preis \ „Frei \ Längsseite \ Schiff``\ (FAS)$
>
> $+$ Hafenkosten im Verschiffungshafen
>
> $= Preis \ „Frei \ an \ Bord``\ (FOB)$
>
> $+$ Konnossementskosten
>
> $+$ Seefrachtkosten bis Bestimmungshafen
>
> $= Preis \ „Kosten \ und \ Fracht``\ (CFR)$
>
> $+$ Transportversicherung für den Seeweg
>
> $= Preis \ „Kosten, \ Versicherung \ und \ Fracht``\ (CIF)$
>
> $+$ Hafenkosten im Zielhafen
>
> $= Preis \ „Geliefert \ Terminal``\ (DAT)$
>
> $+$ Erwerbssteuer ($=$ USt)
>
> $+$ Verbrauchssteuern
>
> $= Preis \ „Geliefert \ verzollt``\ (DDP)$
>
> (Quelle: adaptiert übernommen aus WKO 2012. Nachdruck mit freundlicher Genehmigung der Aussenwirtschaft Austria der Wirtschaftskammer Österreich, www.go-international.at)

Der kalkulierte Exportpreis stellt die Basis für das **Exportangebot** dar, welches zusätzlich auch noch detaillierte Informationen zum Produkt sowie die Zahlungs- und Lieferbedingungen enthält. Sofern nichts anderes vereinbart wurde, ist der Exporteur bei mündlichen Angeboten in der Regel nur bis zum Ende des Gesprächs an sein Offert gebunden. Bei schriftlichen Angeboten sind die Dauer des Postweges sowie eine angemessene Überlegungsfrist zu berücksichtigen (WKO 2012).

2.3 Vertragsentwurf erstellen

Üblicherweise werden bereits in der **Verhandlungsphase** zwischen den Geschäftspartnern die wesentlichen Inhalte eines Exportvertrags vereinbart. Neben der eindeutigen Definition der Ware, der Abnahmemenge und dem Preis (bzw. einer Preis- und Mengenliste) sollten dabei vor allem auch die Sicherungsinstrumente wie zum Beispiel Eigentumsvorbehalt an der gelieferten Ware oder Zahlungsgarantien besprochen werden (Ruhm 2013).

Zumindest **folgende Fragen** sollten aber in einem **Exportvertrag** klar geregelt werden (Ruhm 2013):

1. Wer sind die Vertragspartner bzw. sonstige in das Geschäft involvierte Personen?
2. Welche Rechte und Pflichten hat der Exporteur?
3. Welche Rechte und Pflichten hat der Importeur?
4. Welche Ware (bzw. welches Werk) wird verkauft (exakte Beschreibung)?
5. Sind Normen oder technische Standards anwendbar?
6. Wir hoch ist der Kaufpreis (pro Stück bzw. Mengeneinheit)?
7. Welche Produkthaftungsvorschriften kommen zur Anwendung?
8. Wer übernimmt die Kosten und Durchführung der Ausfuhr- und Einfuhrabfertigung (Anwendung von Incoterms)?
9. Welche Transportart wird gewählt? Wer ist für die Organisation und die Kosten des Transports verantwortlich?
10. Zu welchem Liefertermin muss die Ware bereit gestellt werden? (bzw. zu welchem Termin ist die Abgabe eines Werks fällig)
11. Welche Gewährleistungsbestimmungen finden Anwendung? Für welchen Zeitraum wird eine Gewährleistung vereinbart?
12. In welcher Währung wird das Geschäft abgewickelt? Wer trägt das Währungswechselrisiko?
13. Gibt es einen Anpassungsmechanismus für Preislisten?
14. Welche Zahlungsbedingungen werden vereinbart (Zahlungsart, Zahlungsform, Fälligkeit)?
15. Wofür haften die Vertragspartner (inkl. Schad- und Klagloshaltung bei eventuell auftretenden Schäden)?
16. Wie erfolgt die Streitbeilegung (ordentlicher Gerichtsstand oder Schiedsgericht)?
17. Welches Recht wird angewandt (z. B. Anwendung des UN-Kaufrechts)?
18. Welche allgemeinen Geschäftsbedingungen (AGB) finden Anwendung und was passiert im Fall von Widersprüchen in den AGB der Vertragspartner?

Die konkrete Ausgestaltung eines Exportvertrages hängt vom zugrunde liegenden Geschäft und von den jeweils anwendbaren nationalen Rechtsvorschriften ab, so dass die Beiziehung einer qualifizierten Rechtsberatung auf jeden Fall empfehlenswert ist.

2.4 Umsatzsteuerrechtliche Prüfung

Zwischen den EU-Mitgliedsstaaten bestehen zwar keine wesentlichen Beschränkungen des Warenverkehrs mehr, es gelten aber unterschiedliche Umsatzsteuersätze. Innergemeinschaftliche Lieferungen sind allerdings im Versendungsland **umsatzsteuerfrei**, wenn folgende Voraussetzungen erfüllt sind:

- Die Warenlieferung erfolgt zwischen zwei EU-Mitgliedsstaaten.
- Der Abnehmer ist Unternehmer und erwirbt die Ware für sein Unternehmen unter Verwendung einer Umsatzsteueridentifikationsnummer (UID-Nummer).
- Der Abnehmer ist im Bestimmungsland erwerbssteuerpflichtig (Verwendung einer UID-Nummer).

Exportierende Unternehmer müssen belegen können bzw. die Buchhaltung und das Belegwesen so organisieren, dass leicht nachzuprüfen ist, ob die Voraussetzungen für eine Umsatzsteuerbefreiung auch tatsächlich vorliegen. Dafür sind insbesondere ein Unternehmernachweis (Überprüfung der UID-Nummer) sowie ein Beförderungs- und Versendungsnachweis notwendig.

Unternehmen, die am innergemeinschaftlichen Handel teilnehmen, können zusätzlich zu ihrer Steuernummer eine UID-Nummer beim zuständigen Finanzamt beantragen. Mit der Verwendung einer gültigen UID-Nummer ist der Nachweis der Erwerbssteuerpflicht im jeweiligen EU-Land erbracht. Unternehmen sollten daher grundsätzlich immer eine **Überprüfung der UID-Nummer** ihrer EU-Geschäftspartner durchführen, vor allem beim ersten Geschäftskontakt, aber auch regelmäßig während einer laufenden Geschäftsbeziehung. Empfehlenswert sind sogenannte „Stufe 2-Abfragen", die nicht nur die Gültigkeit der UID-Nummer überprüfen wie bei „Stufe 1-Abfragen", sondern auch die Gültigkeit der Firmenbezeichnung und der Anschrift kontrollieren (Hartweg et al. 2012). In Österreich können solche Abfragen elektronisch über Finanz-Online (www.bmf.gv.at) durchgeführt werden, in Deutschland über das Bundeszentralamt für Steuern (www.bzst.bund.de) oder auch über die Datenbank des Mehrwertsteuer-Informationsaustauschsystems (MIAS) (*engl.* VIES) der Europäischen Kommission (http://ec.europa.eu/taxation_customs/vies/). Stellt sich im Nachhinein heraus, dass eine UID-Nummer ungültig ist oder nicht zu dem jeweiligen Unternehmen gehört, so hat der Lieferant die in seinem Land gültige Umsatzsteuer nachträglich zu entrichten. Weiters ist zu beachten, dass auf **Rechnungen für innergemeinschaftliche Lieferungen** sowohl die UID-Nummern beider Geschäftspartner anzugeben sind als auch auf die Umsatzsteuerfreiheit zu verweisen ist (z. B. mit der Formulierung „Umsatzsteuerfreie innergemeinschaftliche Lieferung" bzw. „VAT-free intra-community delivery").

Neben dem **Unternehmernachweis** sind die Beförderung (durch Lieferant, Abnehmer oder unselbstständige Erfüllungsgehilfen) oder die Versendung (durch Frachtführer, Verfrachter oder Spediteur) der Ware in ein anderes EU-Land zu belegen.

Der **Beförderungsnachweis** beinhaltet folgende Dokumente:

1. Rechnungsdurchschrift oder -abschrift
2. Beleg mit dem Bestimmungsort (z. B. Lieferschein)
3. Empfangsbestätigung des Abnehmers
4. Schriftliche Erklärung über die Beförderung des Gegenstandes in ein anderes EU-Land (bei Abholung durch Abnehmer)
5. Spezialvollmacht durch den Abnehmer und Dokumentation von Name und Adresse des Abholenden (z. B. Kopie des Führerscheins/Reisepasses) (bei Abholung durch einen unselbstständigen Erfüllungsgehilfen)

Der **Versendungsnachweis** besteht aus folgenden Unterlagen:

1. Rechnungsdurchschrift oder -abschrift
2. Versendungsbeleg (z. B. Frachtbrief, Postaufgabebescheinigung, Spediteursbescheinigung)

Überstellt ein Lieferant Waren in ein anderes EU-Land und hat der Abnehmer keine UID-Nummer (z. B. bei Privatpersonen), so spricht man von einem **Versandhandel**. Solche Lieferungen sind nach dem **Ursprungslandprinzip** grundsätzlich im Versendungsland umsatzsteuerpflichtig. Wird jedoch die für das EU-Land des Abnehmers geltende **jährliche Lieferschwelle** überschritten, so hat der Unternehmer die Umsatzsteuer im Bestimmungsland abzuführen (zu aktuellen Lieferschwellen und Normalumsatzsteuersätzen siehe Tab. 2.1). In diesem Fall muss sich der Unternehmer im Bestimmungsland steuerlich registrieren lassen.

Eine weitere Ausnahme vom Ursprungslandprinzip ist der Verzicht des Lieferanten auf die Anwendung von Lieferschwellen. Dies macht vor allem dann Sinn, wenn der Mehrwertsteuersatz für die angebotenen Versandhandelsprodukte im Abnehmerland niedriger ist als im Versendungsland. Bei Versandhandelslieferungen mit verbrauchssteuerpflichtigen Waren (wie zum Beispiel Tabak, Mineralöl oder Alkohol) ist die Umsatzsteuer unabhängig vom Volumen jedenfalls im Abnehmerland abzuführen. Zudem ist auch der Verkauf von Neufahrzeugen an Privatpersonen in jenem Land zu besteuern, in dem diese zugelassen werden. Detaillierte aktuelle Informationen zu den Umsatzsteuerrichtlinien der einzelnen Mitgliedstaaten der EU bieten die Datenbank *Taxes in Europe* der Europäischen Kommission (nur in englischer Sprache verfügbar)

Tab. 2.1 Lieferschwellenwerte und Normalumsatzsteuersätze in den EU-Mitgliedsstaaten. (Quelle: Europäische Kommission 2012 und 2014, © Europäische Union, 1995–2014)

Mitgliedsstaat	Lieferschwellen in €[a]	Lieferschwellen in nationaler Währung[a]	Normalumsatzsteuersätze in %[b]
Belgien	35.000,–		21
Bulgarien	ca. 35.791,–	BGN 70.000,–	20
Dänemark	ca. 37.557,–	DKK 280.000,–	25
Deutschland	100.000,–		19
Estland	35.151,–		20
Finnland	35.000,–		24
Frankreich	100.000,–		20
Griechenland	35.000,–		23
Vereinigtes Königreich	ca. 81.843,–	GBP 70.000,–	20
Irland	35.000,–		23
Italien	35.000,–		22
Kroatien	Keine Angabe	Keine Angabe	25
Lettland	34.052,–	LVL 24.000,–	21
Litauen	36.203,–	LTL 125.000,–	21
Luxemburg	100.000,–		15
Malta	35.000,–		18
Niederlande	100.000,–		21
Österreich	35.000,–		20
Polen	40.293,–	PLN 160.000,–	23
Portugal	35.000,–		23
Rumänien	ca. 28.012,–	RON 118.000,–	24
Schweden	ca. 36.232,–	SEK 320.000,–	25
Slowakei	35.000,–		20
Slowenien	35.000,–		22
Spanien	35.000,–		21
Tschechien	ca. 46.570,–	CZK 1.140.000,–	21
Ungarn	ca. 32.257,–	HUF 8.800.000,–	27
Zypern	35.000,–		19

[a]Stand März 2012
[b]Stand 13. Januar 2014

oder die Homepage der Europäischen Kommission unter *Steuern und Zollunion*
(http://ec.europa.eu/taxation_customs/common/about/welcome/index_de.htm).

Beispiel: Berechnung der Lieferschwelle

Ein deutsches Unternehmen lieferte im Jahr 2011 Waren im Wert von € 70.000,–
an französische Privatpersonen bzw. Unternehmen ohne eigene UID-Nummer.
Im Jahr 2012 wurden folgende Umsätze in Frankreich getätigt:

Jänner bis Dezember 2011:	€ 70.000,–
Jänner bis Mai 2012:	€ 45.000,–
Juni bis August 2012:	€ 35.000,–
September 2012:	€ 20.000,–
Oktober bis Dezember 2012:	€ 50.000,–

Im Jahr 2011 wurde die von Frankreich festgesetzte Schwelle für Versandhandelslieferungen (€ 100.000,–) nicht überschritten. Folglich muss das deutsche
Unternehmen die Lieferungen im Jahr 2011 sowie jene von Jänner bis September 2012 mit deutscher Umsatzsteuer fakturieren. Im September 2012 wird die
französische Lieferschwelle erreicht, d. h. die Lieferungen von Oktober bis Dezember 2012, sowie all jene, die im Jahr 2013 folgen, sind in Frankreich zu
versteuern. Daher muss sich das deutsche Unternehmen in Frankreich bei der
zuständigen Behörde registrieren lassen.

Versandhandelslieferungen des deutschen Unternehmens in andere EU-
Länder sind hiervon nicht betroffen und müssen eigens kalkuliert werden.
Lieferungen an französische Unternehmen mit gültiger UID-Nummer sind von
den Bestimmungen für Versandhandelsgeschäfte ebenfalls ausgenommen und
sind grundsätzlich als umsatzsteuerfreie innergemeinschaftliche Lieferung zu
behandeln.

2.5   Zusammenfassende Meldung

Die **Zusammenfassende Meldung** dient der grenzüberschreitenden Kontrolle der
Umsatzsteuerabfuhr innerhalb der EU. Der Datenaustausch ermöglicht es den Fi-
nanzbehörden, die Angaben des Unternehmens mit jenen aus anderen EU-Staaten
zu vergleichen.

Lieferanten müssen dem *Bundeszentralamt für Steuern* in Deutschland bezie-
hungsweise dem zuständigen *Finanzamt* in Österreich alle innergemeinschaftli-

chen Lieferungen im Rahmen der **Umsatzsteuervoranmeldung** (UVA) gesondert zur Kenntnis bringen. Anzugeben sind die UID-Nummer der Abnehmer und die Summe der Liefer-/Dienstleistungsentgelte im Meldezeitraum. Die Zusammenfassende Meldung hat entsprechend dem Meldezeitraum der UVA (monatlich oder vierteljährlich), spätestens aber einen Kalendermonat nach dessen Ablauf zu erfolgen.

Die Meldung ist grundsätzlich elektronisch durchzuführen (in Deutschland beim *Bundeszentralamt für Steuern* bzw. in Österreich über *Finanz-Online*). In Deutschland sind Kleinunternehmer mit einem Umsatz von weniger als € 17.500,– im vergangenen Geschäftsjahr und mit erwarteten Umsätzen für das kommende Geschäftsjahr von weniger als € 50.000,– von der Meldepflicht ausgenommen. In Österreich dürfen Unternehmer, die über keinen Internetanschluss verfügen oder einen Vorjahresumsatz von weniger als € 30.000,– verbuchen, die Meldung auch in Papierform (Formular U13) durchführen.

2.6 Intrastat-Meldung

Damit Analysen über den innergemeinschaftlichen Warenverkehr sowie über Preisentwicklungen im EU-Binnenhandel gemacht werden können, sind Unternehmen dazu verpflichtet, sowohl im Versendungs- als auch im Bestimmungsland eine sogenannte **Intrastat-Meldung** (Intrastat steht dabei für Intrahandelsstatistik) abzugeben. Für den Fall, dass Waren über ein anderes EU-Land in ein Drittland befördert werden, ist die innergemeinschaftliche Lieferung nur im Versendungsland zu melden. Anzumelden sind prinzipiell alle **Gemeinschaftswaren** (auch unentgeltliche), die von einem Mitgliedsstaat in einen anderen geliefert werden.

Grundsätzlich sind alle Unternehmen innerhalb der EU, die am innergemeinschaftlichen Warenverkehr teilnehmen, auskunftspflichtig. Voraussetzung dafür ist eine UID-Nummer, Privatpersonen und Unternehmen ohne UID-Nummer sind von der Meldepflicht befreit. **Befreit von der Meldepflicht** sind ferner jene Unternehmen, bei denen der Intrahandel (Eingang und Ausgang sind gesondert zu betrachten) die derzeitige jährliche Schwelle von € 500.000,– (Deutschland und Österreich, Stand 2012) im Vorjahr nicht überschritten hat. Wird dieser Wert innerhalb eines Kalenderjahres überschritten, so hat die Meldung in jenem Monat zu beginnen, in dem die Überschreitung stattgefunden hat. Wird ein Dritter, zum Beispiel ein Spediteur, mit der Meldung beauftragt, bleibt dennoch der Auskunftspflichtige für die Richtigkeit der Angaben verantwortlich.

Die Intrastat-Meldung ist in jenem Monat abzugeben, in dem auch die innergemeinschaftliche Lieferung stattgefunden hat, wobei die Meldung auch wöchentlich oder täglich getätigt werden kann. Spätestens jedoch hat die Meldung zehn Arbeitstage nach Ablauf des Berichtmonats zu erfolgen. Unternehmen mit Sitz in Deutschland melden an das *Statistische Bundesamt*, Unternehmen in Österreich melden an die *Statistik Austria*. Je nachdem, ob es sich um eine Lieferung oder einen Erwerb handelt, gibt es unterschiedliche Formulare. Unter anderem sind die Warenbezeichnung, die achtstellige Warennummer (basierend auf der Kombinierten Nomenklatur der Europäischen Kommission), Versendungs- und Bestimmungsland, Rechnungspreis, Ursprungsland, sowie der Entladehafen anzuführen. Die Meldung kann auf drei Arten erfolgen:

1. Schriftlich mittels Formular
2. Über die Website des statistischen Bundesamts (www.idev.destatis.de) bzw. der Statistik Austria (www.statistik.at/IntraWeb/)
3. Über ein spezielles EDV-Programm (*IDEP/KN8*)

Bei **Versandhandelslieferungen**, bei denen die Umsatzsteuer im Bestimmungsland abzuführen ist, ist der Lieferant nicht nur im Ausgangsmitgliedsstaat Intrastat-meldepflichtig, sondern es trifft ihn auch eine Eingangsmeldepflicht im Bestimmungsmitgliedsstaat.

2.7 Lieferantenerklärung

Zollbegünstigungen oder Zollfreiheit können beim Export in Drittländer nur dann gewährt werden, wenn der Nachweis erbracht wird, dass eine Ware bestimmte, in einem Präferenz- oder Freihandelsabkommen zwischen einzelnen Ländern festgelegte, Ursprungsregeln erfüllt.

Bei Warenlieferungen innerhalb der EU macht der Lieferant seinem Kunden mittels einer **Lieferantenerklärung** Angaben über die **Ursprungseigenschaft** der gelieferten Waren. Diese Erklärung ist somit ein wichtiges Informationspapier für den Empfänger und dient einerseits dem Exporteur als Beleg für die Ausstellung eines präferenziellen Ursprungsnachweises beim Export in ein Drittland (Warenverkehrsbescheinigung EUR.1, EUR-MED, Ursprungserklärung auf der Rechnung) und ist andererseits dem Produzenten als Nachweis über die Ursprungseigenschaft der von ihm verwendeten Vormaterialien wichtig.

Der Aussteller einer Lieferantenerklärung muss als Hersteller prüfen, ob seine Erzeugnisse Präferenzursprungseigenschaft durch die vollständige Herstellung bzw. durch die ausreichende Be- oder Verarbeitung (gemäß Verarbeitungsliste) oder durch die Anrechnung von Vormaterialien aus Partnerländern (Kumulierung) erreichen. Der Händler, der eine Lieferantenerklärung ausstellt, muss darauf achten, dass ihm bereits eine (Vor-)Lieferantenerklärung vorliegt.

Beispiel: Lieferantenerklärung

Ein österreichisches Handelsunternehmen bezieht Waren von einem slowenischen Lieferanten. Diese Waren werden ohne weitere Be- oder Verarbeitung in die Schweiz exportiert. Da in der Schweiz eine Zollbegünstigung nur für Waren mit EU-Ursprung in Betracht kommt, muss das österreichische Handelsunternehmen eine Warenverkehrsbescheinigung EUR.1 mit Ursprung EU ausstellen. Das kann die österreichische Firma aber nur, wenn ihr eine Lieferantenerklärung des slowenischen Lieferanten mit dem Ursprungsvermerk EU vorliegt.

Lieferantenerklärungen sind beispielsweise auf der Rechnung oder dem Lieferschein abzugeben und gelten nur für die darauf angegebene Warenart und –menge (**Einzel-Lieferantenerklärung**). Liefert das Unternehmen regelmäßig Waren mit Ursprungseigenschaft an einen Kunden, so gibt es die Möglichkeit von **Langzeit-Lieferantenerklärungen**, die bis zu einem Jahr ab Ausstellungsdatum gültig sind. Ändern sich die Bedingungen der Herstellung (z. B. anderer Ursprung der Vormaterialien), so muss der Lieferant den Kunden umgehend davon in Kenntnis setzen.

Lieferantenerklärungen und dazugehörige Belege müssen vom Aussteller mindestens **drei Jahre aufbewahrt** werden, um bei eventuellen Überprüfungen durch die Zollbehörde die Echtheit der Erklärung oder die inhaltliche Richtigkeit der Ursprungseigenschaft nachweisen zu können.

Ausfuhr in Drittländer 3

Aus der Sicht von EU-Mitgliedsstaaten spricht man von einer Ausfuhr in Drittländer bzw. von Export, wenn die Lieferung in ein Land außerhalb des Gemeinschaftsgebietes erfolgt. An dieser Stelle sollte erwähnt werden, dass die EU nicht nur eine Freihandelszone ist, sondern auch eine **Zollunion**. Gleichzeitig mit der Abschaffung der Zölle innerhalb der EU wurden einheitliche Zolltarife für alle Mitgliedsstaaten gegenüber Nicht-EU-Mitgliedsstaaten festgelegt. Mit der vollständigen Errichtung des Binnenmarktes am 1. Januar 1993 haben sämtliche Mitgliedsstaaten die Kompetenz der Außenhandelspolitik an die EU abgegeben. Somit darf nur die EU Rechtsvorschriften in diesem Zusammenhang erlassen und internationale Handelsabkommen schließen.

Der erste Schritt im Prozess der Ausfuhr in Drittländer, der in Abb. 3.1 im Überblick dargestellt wird, ist die Überprüfung der **Einfuhrbestimmungen** im Zielland. Bevor Unternehmen Aufträge von Kunden im Ausland annehmen, ist es wichtig, sicherzustellen, a) dass man die jeweiligen Vorschriften auch erfüllen kann (Schütt 2011), bzw. b) dass es keine Einfuhrbeschränkungen gibt (z. B. Embargos oder bereits erfüllte Importquoten). Bei Unklarheiten ist es ratsam, die entsprechenden deutschen Außenhandelskammern, Außenhandelsstellen der Wirtschaftskammer Österreich oder die Swiss Business Hubs zu kontaktieren. Es wird allgemein empfohlen, die Lieferbedingungen in einer Form zu vereinbaren, bei welcher der Kunde für die Einfuhr im Bestimmungsland verantwortlich ist (Schütt 2011).

Wie bereits für den Prozess der innergemeinschaftlichen Lieferung beschrieben, folgen auch bei Lieferungen in Drittstaaten als nächste Schritte die **Kalkulation des Exportpreises** sowie die Erstellung eines **Exportangebotes** an den potenziellen Kunden. Bei der Ausfuhr in Drittländer werden bei Verwendung des Incoterm „Frei Frachtführer" (FCA) auch die Kosten der Ausfuhrabfertigung einberechnet. Vereinbaren Verkäufer und Käufer die Lieferung zum Preis „Geliefert verzollt" (DDP), so erweitert sich die Berechnung bei Drittlandslieferungen gegenüber

M. Höfferer et al., *Der Exportprozess*, essentials,
DOI 10.1007/978-3-658-06133-3_3, © Springer Fachmedien Wiesbaden 2014

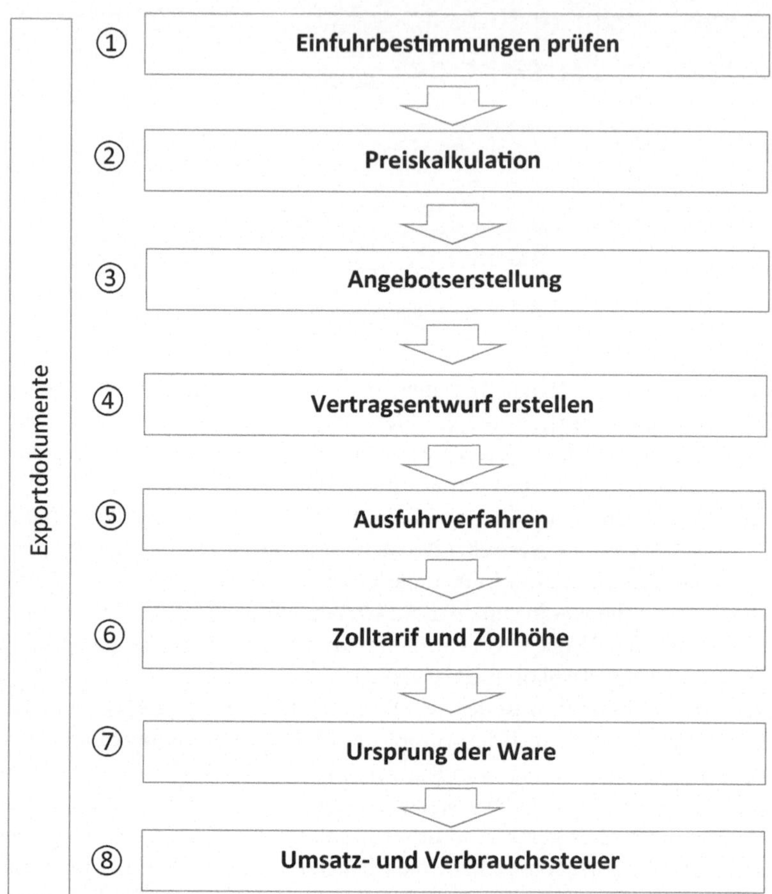

Abb. 3.1 Prozess der Ausfuhr in Drittländer. (Quelle: Autoren)

der Kalkulation bei der innergemeinschaftlichen Lieferung um die Kosten des Einfuhrzolls sowie die Einfuhrumsatzsteuer im Bestimmungsland, die anstelle der Erwerbssteuer verrechnet wird.

Sind sich Exporteur und Importeur über den Preis sowie die Liefer- und Zahlungskonditionen einig, wird ein **Vertragsentwurf** erstellt (siehe Abschn. 2.3).

Ein Kernelement des Exportprozesses in Drittländer ist das **Ausfuhrverfahren**, welches auch bei einer vorübergehenden Ausfuhr anzuwenden ist. Außerdem sind der **Zolltarif** und die **Zollhöhe** zu bestimmen sowie der **Ursprung der Ware** zu berücksichtigen. Darüber hinaus sind die richtige Anwendung der **Umsatzsteuer** und die **Verbrauchssteuer** zu beachten. Im Folgenden werden die einzelnen für die Ausfuhr in Drittländer wesentlichen Schritte des Exportprozesses näher beschrieben, gefolgt von einem Überblick über die wichtigsten **Exportdokumente**.

3.1 Ausfuhrverfahren

Um Waren aus dem Gemeinschaftsgebiet der EU zu versenden und die in diesem Zusammenhang zollrelevanten Tätigkeiten (z. B. Zollanmeldung, summarische Anmeldungen, Betreiben von Verwahrungslagern) durchführen zu können, muss sich jeder am Außenhandel Beteiligte registrieren lassen und eine EORI-Nummer beantragen (EORI steht dabei für Economic Operator Registration and Identification) (WKO 2012b). Die **Registrierungspflicht** betrifft vor allem Unternehmen, die in der Europäischen Union ansässig sind, jedoch auch andere Firmen, die in der EU mit unter das Zollrecht fallenden Tätigkeiten befasst sind (z. B. ausländische Exporteure bei DDP-Lieferungen in die EU). Diese können sich als „Zugelassener Wirtschaftsbeteiligter" (*engl.* Authorised Economic Operator, AEO) zertifizieren lassen. Privatpersonen, die am grenzüberschreitenden Außenhandel mit Drittstaaten teilnehmen, sind von der Registrierungspflicht befreit. Jeder Unternehmer ist selbst für die Registrierung bei der zuständigen Behörde im jeweiligen Mitgliedsstaat verantwortlich – in Deutschland ist dies das Informations- und Wissensmanagement Zoll (IWM Zoll), in Österreich die Zollbehörde (Online über die Homepage des Finanzministeriums unter www.bmf.gv.at). Bei multinationalen Unternehmen, die Niederlassungen mit eigenen Rechtspersönlichkeiten in mehreren EU-Ländern haben, muss jede Tochtergesellschaft einen Antrag stellen. Bei Niederlassungen ohne eigene Rechtspersönlichkeit stellt nur die Muttergesellschaft einen Antrag. Neben der Kontaktinformation (Ansprechpartner, Adresse, Telefon- oder Faxnummer, E-Mail-Adresse) ist auch der vierstellige Nummerncode der Hauptwirtschaftstätigkeit nach der statistischen Systematik der Wirtschaftszweige der EU (NACE) aus dem Unternehmensregister des Mitgliedsstaates anzugeben (WKO 2012b). Nach Retournierung des Antrags ist dieser firmenmäßig zu unterfertigen und der zuständigen Behörde zurück zu schicken, um der Freigabe des Firmennamens und der Adresse für die EORI-Datenbank zuzustimmen. Nach erfolgreicher Registrierung wird eine **EORI-Nummer** vergeben, die der eindeutigen Identifizierung von Wirtschaftsbeteiligten dient. Bei Zollanmeldungen ist diese

Nummer verpflichtend anzugeben. Um die erstmalige Import- oder Exporttätigkeit nicht zu behindern, kann anstatt der EORI-Nummer auch die auf dem Antrag angeführte Antrags-ID verwendet werden.

Das **Ausfuhrverfahren** selbst besteht aus zwei wesentlichen Phasen:

1. Die Ausfuhranmeldung
2. Die Austrittsbestätigung

Seit Einführung der elektronischen Zollanmeldung, welche das papiergestützte Zollverfahren weitgehend ersetzt, können registrierte Unternehmen **Ausfuhranmeldungen** in elektronischer Form an die Zollbehörde senden. Voraussetzung dafür ist, dass sich die Ware an einem „zugelassenen Warenort" befindet, wobei man aber jede Adresse innerhalb der EU als solchen beim Zollamt registrieren lassen kann. In der Schweiz gelten ähnliche Regelungen. Da die Anschaffung eines Zollprogrammes (ATLAS-Software in Deutschland, e-zoll in Österreich, e-dec Export in der Schweiz) sehr kostenintensiv ist, können sich Unternehmen auch von Zollhandelsmittlern (z. B. Agent oder Spediteur) vertreten lassen (WKT 2012). Nach Übermittlung der Ausfuhranmeldung wird die Zulässigkeit der Ausfuhr überprüft und möglicherweise eine Warenkontrolle angeordnet. Bei Freigabe der Ausfuhr wird das Ausfuhrbegleitdokument (ABD) elektronisch übermittelt, welches die Ware bis zur Außengrenze begleitet. Bei Übereinstimmung der gestellten mit der angemeldeten Ware bestätigt die Ausgangszollstelle die Warenausfuhr elektronisch an das Ausfuhrzollamt. Diese **Ausfuhrbestätigung**, welche der Exporteur über den Zollagenten erhält, wird für die Buchhaltung benötigt.

Es ist essentiell, dass Unternehmen eine Ausfuhranmeldung machen, da es signifikante Strafen bei Nichteinhaltung geben kann. So ist es möglich, dass Geldstrafen verhängt werden oder dass die Vorsteuer oder die Verbrauchssteuer nicht zurückerstattet werden. Von der Ausfuhranmeldung befreit sind in Österreich und Deutschland Waren von einem Wert unter € 1000,–, die keinen Ausfuhrverboten oder sonstigen Beschränkungen unterliegen. In einem solchen Fall genügt eine mündliche Anmeldung direkt an der Grenze.

Vom Warenexport zu unterscheiden ist die **vorübergehende Ausfuhr** von Gebrauchsgütern in ein Drittland. Dies ist beispielsweise der Fall bei Messen, Ausstellungen, Berufsausrüstung oder Warenproben (EZV 2008; Hartweg 2012; Schütt 2011; Stöger 2008). Um diese Waren zollfrei aus der EU bzw. aus anderen dem Carnet ATA-Abkommen (ATA steht dabei für Admission Temporaire/Temporary Admission) beigetretenen Ländern (z. B. Schweiz) ausführen bzw. dann auch problemlos wiedereinführen zu können, ist das **Carnet ATA** bei dem jeweiligen ausgebenden Verband (Industrie- und Handelskammern in Deutschland und der

Schweiz, Wirtschaftskammer in Österreich) zu beantragen. Die Ausstellung dieses internationalen Zollpassierscheines ist kostenpflichtig, da es eine Versicherung für die erlassenen Einfuhrabgaben ist und einer Bürgschaftsurkunde gleicht. Das Carnet ATA ist bis zu einem Jahr gültig; bei dessen Anwendung werden keine weiteren Ausfuhrdokumente benötigt. Es ist jedoch zu beachten, dass die Bestimmungen hinsichtlich des zugelassenen Verwendungszwecks der Waren in einzelnen Anwenderstaaten abweichen können.

Beispiel: Vorübergehende Ausfuhr mit Carnet-ATA

Ein österreichischer Landmaschinenhersteller möchte auf einer Messe in Kroatien mehrere Maschinen ausstellen. Das Unternehmen beantragt bei der zuständigen Wirtschaftskammer das Carnet-ATA. Mit diesem Zollpapier können die Landmaschinen nach Kroatien ein- und wiederausgeführt werden, ohne dass vom kroatischen Staat Einfuhrabgaben vorgeschrieben werden.

3.2   Zolltarif und Zollhöhe

Zölle sind tarifäre Handelsschranken und können somit grenzüberschreitende Handelsbeziehungen beeinflussen (Büter 2010). Wie bereits erwähnt, gibt es in der EU als **Zollunion** keine Zölle innerhalb des Gemeinschaftsgebietes sowie einen einheitlichen Außenzolltarif gegenüber Drittländern. Die Zolleinnahmen fließen direkt in den EU-Haushalt.

Damit Exporteure den für die jeweiligen Waren geltenden **Zolltarif** ermitteln können, müssen sie diese zunächst dem Zolltarifschema zuordnen (Tarifierung). Die Grundlage dafür bildet das Harmonisierte System zur Bezeichnung und Codierung der Waren (HS), welches alle Waren international standardisiert und kategorisiert sowie mit entsprechenden **HS-Codes** versieht. Die Kombinierte Nomenklatur der EU erweitert den von der Weltzollorganisation ursprünglich erstellten sechsstelligen Warencode um zwei Nummern. Die neunte und zehnte Stelle enthält den integrierten Tarif der EU, kurz auch **TARIC** (Tarif Intégré des Communautés Européennes) genannt. Dieser inkludiert die von der EU festgelegten einheitlichen Zolltarife in codierter Form. Weitere Ziffern werden für nationale Zwecke verwendet und dienen etwa der Verschlüsselung der Umsatzsteuersätze.

Da sich die Zuordnung von Waren in die Nomenklatur oft als schwierig erweist, haben Unternehmen die Möglichkeit, eine **verbindliche Zolltarifauskunft** bei den Zollbehörden zu beantragen. Diese hat schriftlich auf dem dafür vorgesehenen

Antragsformular zu erfolgen. Die Ware sollte möglichst genau beschrieben werden, wenn möglich sollten dem Antrag auch Proben oder Muster beigefügt werden. Die Ausstellung des Bescheides ist gebührenfrei, wobei aber zum Beispiel Ausgaben für Analysen oder Warenmuster-Gutachten verrechnet werden. Der Bescheid ist in der Regel sechs Jahre lang gültig. Mündliche Zolltarifauskünfte der Zollverwaltung sind nicht verbindlich.

Kennen EU-Wirtschaftsbeteiligte ihre Zolltarifnummer, das Bestimmungsland und den Warenursprung, kann der Zollsatz für die Einfuhr in verschiedene Drittlandmärkte online über die **Marktzugangsdatenbank** (*engl.* Market Access Database, http://madb.europe.eu) im Abschnitt Zolltarifdatenbank (*engl.* Applied Tariffs Database) ermittelt werden. Schweizer Unternehmen können die Zolltarifnummer sowie Einfuhrabgaben anderer Länder über die **Tares-Datenbank** (www.tares.ch) ausfindig machen.

3.3   Ursprung der Ware

Der **Warenursprung** (die „Nationalität" der Ware) ist einerseits wichtig, um Einfuhrbeschränkungen zu identifizieren, und andererseits, um die Höhe der Einfuhrzölle zu bestimmen (Büter 2010). Man unterscheidet dabei nicht-präferenziellen und präferenziellen Ursprung.

Der Nachweis eines **nicht-präferenziellen Ursprungs** (*engl.* non-preferential origin) dient im Bestimmungsland vor allem der Steuerung von Handelsströmen durch die Umsetzung handelspolitische Maßnahmen wie etwa Einfuhrbeschränkungen für Waren aus bestimmten Ländern (Andrée et al. 2010; Büter 2010). Ursprungsland der Ware ist jenes, in dem die Ware vollständig hergestellt oder ausreichend be- oder verarbeitet wurde. Um den EU-Ursprung zu erhalten, müssen die Ursprungsregeln des Zollkodex der EU eingehalten werden. Der nicht-präferenzielle Ursprung wird von der Industrie- und Handelskammer bzw. der Wirtschaftskammer durch das dem Exporteur ausgestellte **Ursprungszeugnis** (*engl.* certificate of origin) nachgewiesen. Das Ursprungszeugnis bescheinigt unter anderem die Beschaffenheit, die Menge, den Wert sowie auch den Herstellungsort der Ware. Es wird häufig auch als Nachweis in Akkreditiven verwendet.

Der **präferenzielle Ursprung** (*engl.* preferential origin) ist Voraussetzung für die Reduktion (Zollbegünstigung) oder Erlassung (Zollbefreiung) von Einfuhrabgaben im Bestimmungsland (Büter 2010; Schlick 2011; Stöger 2008). Ob eine Zollpräferenz gewährt wird, hängt einerseits davon ab, ob für den Handel mit bestimmten Waren mit dem jeweiligen Land ein Präferenz- bzw. Freihandelsabkommen besteht, andererseits von einer ausreichenden Be- oder Verarbeitung im potentiellen Ursprungsland. Die sogenannten Listen bzw. Ursprungsregeln im Anhang jedes Abkommens definieren, wann der Tatbestand der ausreichenden Be- oder Verarbeitung erfüllt ist. Der präferenzielle Ursprungsnachweis erfolgt im Europäischen Präferenzraum durch eine förmliche **Ursprungserklärung auf der Rechnung** (in der Regel bis zu einem Warenwert von € 6.000,– – die genaue Wertgrenze ist in dem jeweiligen Abkommen definiert) oder durch die **Warenverkehrsbescheinigung EUR. 1**. Das EUR. 1-Formular beinhaltet drei Blätter, wovon das erste die Zollbehörde im Bestimmungsland erhält, das zweite (Antrag) bleibt bei der für den Ausführer verantwortlichen Zollstelle, das dritte bekommt der Exporteur. Voraussetzung für die Ausstellung einer Warenverkehrsbescheinigung EUR. 1 durch die Zollbehörde ist jedoch, dass der Unternehmer dokumentiert (z. B. durch Rechnungen oder eine Lieferantenerklärung für Waren mit Präferenzeigenschaft), welche Vormaterialien bei der Herstellung verwendet wurden. Die Ursprungserklärung auf der Rechnung kann vom Unternehmen selbst ausgestellt werden. Liefert ein Unternehmen regelmäßig Waren über der Wertgrenze in ein Präferenzgebiet und kann es den präferenziellen Warenursprung garantieren, gibt es die Möglichkeit, dass die Zollbehörde auf Antrag einen „**ermächtigten Ausführer**" (*engl.* approved exporter) im Unternehmen bewilligt (Hartweg et al. 2012; Stöger 2008). Dieser darf dann Ursprungserklärungen auf Rechnungen über der festgelegten Wertgrenze abgeben und ist für deren Richtigkeit verantwortlich.

> **Wortlaut der Ursprungserklärung auf der Rechnung (Europäischer Wirtschaftsraum)**
>
> **Deutsch**
>
> „Der Ausführer (Ermächtigter Ausführer; Bewilligungs-Nr. . . .) der Waren, auf die sich dieses Handelspapier bezieht, erklärt, dass diese Waren, soweit nicht anderes angegeben, präferenzbegünstigte [Land] Ursprungswaren sind."
>
> **Englisch**
>
> „The exporter of the products covered by this document (customs authorization No. . .) declares that, except where otherwise clearly indicated, these products are of [country] preferential origin."
>
> **Französisch**
>
> „L'exportateur des produits couverts par le présent document (autorisation douanière n° . . .) déclare que, sauf indication claire du contraire, ces produits ont l'origine préférentielle [pais]."
>
> (Quelle: Europäische Union 2005)

3.4 Umsatzsteuer bei Drittlandslieferungen

Warenlieferungen an Unternehmer und Privatpersonen von der EU aber auch von der Schweiz in Drittländer sind im Ausfuhrland **steuerfrei**. Es kann die Rückerstattung der Vorsteuer beantragt werden, sofern folgende Voraussetzungen erfüllt sind:

1. Die Ware wird durch den Lieferanten oder den ausländischen Abnehmer in ein Drittland befördert oder versendet (ohne Ingebrauchnahme im Inland bzw. im Gemeinschaftsgebiet).
2. Ein Ausfuhrnachweis wird erbracht.
3. Die Voraussetzungen für die Steuerbefreiung werden durch Aufzeichnungen in der Buchhaltung nachgewiesen (Buchnachweis).

Wie bei innergemeinschaftlichen Warenlieferungen unterscheidet man hinsichtlich des Transports auch bei Drittlandslieferungen zwischen **Beförderung** (durch Lieferant oder Abnehmer selbst) und **Versendung** (z. B. durch Spediteur, Frachtführer oder per Post). Wird der Transport durch den Lieferanten veranlasst, so muss der Empfänger kein ausländischer Abnehmer sein. Handelt es sich jedoch um eine Abhollieferung, ist es zwingend, dass der Empfänger ein ausländischer Abnehmer ist (Person ohne Wohnsitz im Inland bzw. im eigenen Namen handelnde ausländische Zweigniederlassung eines inländischen Unternehmens).

Ein **Ausfuhrnachweis** dient dazu, den tatsächlichen Grenzübertritt zu belegen. Bei der Beförderung durch den Lieferanten oder den ausländischen Abnehmer wird die **Austrittsbestätigung von der Zollausgangsstelle** erteilt. Bedarf es im Ausfuhrverfahren nur einer mündlichen Zollanmeldung (bis zu einem Warenwert von € 1000,–) so kann die Ausgangsbestätigung auch auf der Exportrechnung oder mittels dem **Formular U34** erfolgen. Im Falle von Versandlieferungen kann die Ausfuhr entweder durch einen Versendungsbeleg, wie etwa Frachtbrief, Postaufgabeschein oder Konnossement, oder mittels einer **Spediteursbescheinigung** nachgewiesen werden.

Weiters ist zu beachten, dass auf Rechnungen für Drittlandslieferungen auf die Umsatzsteuerfreiheit zu verweisen ist (z. B. mit der Formulierung „**steuerfreie Ausfuhrlieferung**").

Der **Touristenexport** stellt hinsichtlich der Umsatzsteuer einen Sonderfall dar. Nicht-EU-Bürger (ohne Wohnsitz oder gewöhnlichen Aufenthalt in der EU) haben unter bestimmten Voraussetzungen die Möglichkeit, Waren umsatzsteuerfrei in der EU einzukaufen bzw. bekommen die Umsatzsteuer rückerstattet. Dies trifft dann zu, wenn die Gegenstände nicht für unternehmerische Zwecke erworben und diese im persönlichen Reisegepäck innerhalb von drei Monaten ausgeführt werden. Weiters muss der Rechnungsbetrag pro Lieferant und Tag € 75,– überschreiten. Zusätzlich hat der inländische Verkäufer einen zollamtlichen Ausfuhrnachweis in der Buchhaltung zu hinterlegen.

3.5 Verbrauchssteuer

Neben den zollrechtlichen Vorschriften hinsichtlich der Steuerbarkeit von Waren ist auch die Ausfuhrbehandlung aufgrund sonstiger Steuervorschriften zu beachten (Schütt 2011). Diese sind maßgebend für die Verbrauchssteuern, die bei der inländischen Produktion und der Einfuhr aus dem Ausland auf **verbrauchssteuerpflichtige Waren** erhoben werden. Da die Verbrauchssteuer für diese Waren jedoch nur den inländischen Verbrauch belasten soll, dürfen Branntwein, Bier, Schaumwein, Kaffee, Tabakwaren und Mineralölerzeugnisse **unversteuert** ausgeführt werden.

3.6 Exportdokumente

Grundsätzlich ist anzumerken, dass jedes Land abhängig von den eingeführten Waren unterschiedliche Dokumente verlangt. Um die Höhe der Zollabgaben zu bestimmen und die richtigen Importbestimmungen anwenden zu können, sind folgende Dokumente notwendig (WKT 2012):

1. Exportrechnung
2. Packliste
3. Ursprungsnachweis
4. Frachtpapiere

Die **Exportrechnung** ist eines der Kerndokumente bei Ausfuhrlieferungen. Auf ihr basieren beispielsweise die Verzollung, die Erstellung der Zoll- und Transportdokumente wie auch die statistische Erfassung (Büter 2010; Schlick 2011; Stöger 2008). Eine vollständige Exportrechnung enthält nicht nur Basisangaben zum abgeschlossenen Geschäft selbst, sondern inkludiert ferner Informationen für die Zollabwicklung (z. B. Warennummer, Warenursprung, Steuerfreiheit). Außerdem ist es im Außenhandel üblich und teilweise zwingend erforderlich (z. B. in der Schweiz), die Exportrechnung zu unterzeichnen (Büter 2010).

Proforma-Rechnungen unterscheiden sich von Exportrechnungen nur durch die fehlende Zahlungsaufforderung und dienen formellen Zwecken bei kostenlosen Lieferungen (z. B. kostenlose Ersatzteillieferungen oder Mustersendungen). Ein weiteres Anwendungsgebiet von Proforma-Rechnungen ist die Erstellung von Angeboten, wobei das Dokument für die Erteilung von Akkreditiven oder Importlizenzen benötigt wird. Außerdem wird eine Proforma-Rechnung erstellt, wenn der Kunde im Voraus bezahlt. Um Missverständnisse hinsichtlich der Bezeichnung Proforma-Rechnung im Außenhandel zu vermeiden, wird der Vermerk „Wertangabe nur für Verzollungszwecke" (*engl.* „price for customs clearance only") empfohlen (Stöger 2008).

Die **Packliste** (*engl.* packing list) ergänzt die Exportrechnung vor allem bei umfangreicheren Lieferungen (Büter 2010). Dieses Dokument listet die Waren getrennt nach Stückguteinheiten (z. B. Kisten, Container) mit Markierung, Art, Gewicht und Beschreibung des Inhalts auf. Die Packliste begleitet gemeinsam mit der Exportrechnung den Warentransport.

Als **Ursprungsnachweis** dienen bei nicht-präferenzielle Ursprungswaren das **Ursprungszeugnis** und bei präferenziellen Ursprungswaren die **Warenverkehrsbescheinigung EUR. 1** bzw. bei Kleinsendungen unter € 6.000,– die **Ursprungserklärung auf der Rechnung** (siehe auch Abschn. 3.3). Bei einseitigen Präferenzabkommen dient die **Formblatt A** für Warenlieferungen über € 6000,– als Präferenznachweis. Bezüglich Ausfuhrlieferungen in die Türkei gibt es Sonderregelungen, da dieser Staat für industriell-gewerbliche Waren eine Zollunion mit der EU geschlossen hat (andere Warenexporte sind in einem Freihandelsabkommen geregelt). Das heißt, Waren, die sich in der EU bereits zolltechnisch im freien Verkehr befinden, müssen beim unmittelbaren Export in die Türkei nicht mehr verzollt werden. Die **Warenverkehrsbescheinigung A.TR**, welche der Exporteur vom Ausfuhrzollamt bestätigen lassen muss, dient dabei als Nachweis dafür, dass die Waren in einem Teil der Zollunion bereits in den freien Verkehr überführt worden sind. Im Gegensatz zu oben genannten Dokumenten hat die Angabe „**Made in …**" keine zollrechtlichen Auswirkungen. Dennoch ist in einigen Ländern eine solche Bezeichnung für Importwaren zwingend vorgeschrieben (Stöger 2008).

Frachtpapiere, egal ob für den Land-, Wasser- oder Lufttransport, begleiten die Waren vom Lieferant bis zum Empfänger. Alle im Außenhandel verwendeten Frachtbriefe haben eine **Nachweis**- (z. B. Bescheinigung des Versanddatums und der Transportart), **Dispositions**- (z. B. Recht auf Änderung des Bestimmungsortes) und **Sperrfunktion** (Sperren der Herausgabe der Ware an den Empfänger durch den Absender) (Büter 2010).

Die grenzüberschreitende entgeltliche Beförderung von Gütern mittels Fahrzeugen auf der Straße wird durch den **CMR-Frachtbrief** (*engl.* road waybill) dokumentiert. Das CMR-Dokument wird auf Grundlage eines Beförderungsvertrages vom Transportunternehmen ausgestellt. Das Frachtpapier im internationalen Eisenbahngütertransport ist der **CIM-Frachtbrief** (*engl.* rail waybill). Gemäß des CMR bzw. des CIM unterliegt das Transportunternehmen bzw. die Eisenbahngesellschaft der Gefährdungshaftung und haftet demnach für den Verlust oder die Beschädigung der Waren während des Transportes sowie für die Überschreitung von Lieferfristen (Büter 2010).

Der Abschluss eines Seefrachtvertrags wird entweder durch einen **Seefrachtbrief** (*engl.* sea/ocean waybill) oder ein **Konnossement** (*engl.* bill of lading) dokumentiert, wohingegen in der Binnenschifffahrt der **Ladeschein** (*engl.* waterway bill of lading) eingesetzt wird (Büter 2011; Schlick 2011; Schütt 2011). Der Frachtbrief bestätigt den Versand der Ware und verpflichtet das Schifffahrtsunternehmen, die Ware an den benannten Empfänger auszuliefern, während durch die Übergabe des Ladescheins bzw. des Konnossements Eigentum übertragen wird (Wertpapierfunktion). Daher kommt der Seefrachtbrief vor allem bei Warenlieferungen innerhalb eines Konzernverbundes zum Einsatz (Büter 2010; WKO 2012).

Im Lufttransport wird auf Grundlage eines Luftfrachtvertrages ein **Luftfrachtbrief** (*engl.* air waybill) ausgestellt.

Deckt ein Frachtführer den gesamten Transportweg mit verschiedenen Beförderungsarten ab, wird ein **multimodales Transportdokument** (*engl.* multimodal transport document) verwendet. Das am häufigsten verwendete multimodale Transportdokument ist das **FBL-Dokument** („FIATA multimodal transport bill of lading") (Büter 2010; WKO 2012).

Neben diesen Frachtpapieren gibt es auch die **Spediteurübernahmebescheinigung** (*engl.* forwarders certificate of receipt), die vom Spediteur ausgestellt wird und bestätigt, dass dieser die Ware zum Versand übernommen hat. Die **Spediteurversandbescheinigung** (*engl.* forwarders certificate of transport) bestätigt zudem auch den Versand.

3.7 Sonderbestimmungen für Verpackungsmaterial aus Holz

Da in Massivholzverpackungen, wie etwa Kisten oder Paletten, gefährliche Schädlinge enthalten sein können, gelten in vielen Ländern besondere Vorschriften für deren Einfuhr (WKT 2012). Verpackungsmaterialien aus Vollholz müssen vor der

Ausfuhr nach dem international anerkannten **IPPC-Standard** (IPPC steht dabei für International Plant Protection Convention) gemäß Richtlinie ISPM Nr. 15 behandelt werden. Akzeptierte Behandlungsmethoden stellen insbesondere Hitzebehandlung und Begasung mit Methylbromid dar (WKT 2012; IHK Pfalz 2012). Je nach IPPC-Mitgliedsstaat werden beispielsweise auch chemische Druckimprägnierung oder technische Trocknung zugelassen. Behandelte Holzverpackungen sind mit „IPPC", Ort und Durchführungsbetrieb sowie mit der Behandlungsmethode zu markieren.

Verpackungen, die zur Gänze aus **Holzwerkstoffen** (z. B. Holzfaserplatten) bestehen, müssen nicht behandelt werden. Grund dafür ist, dass diese bereits als ausreichend verarbeitet angesehen werden.

Spezifika des Dienstleistungsexports 4

Wenn man von Export spricht, wird oft nur an Warenexport gedacht. Dabei nehmen Dienstleistungsexporte ebenfalls eine wichtige Rolle im grenzüberschreitenden Handel ein. Dazu zählen beispielsweise Finanz-, Beratungs- oder Werbedienstleistungen. Viele dieser Dienstleistungsexporte sind etwa auch aufgrund von Wartungs- oder Schulungserfordernissen an den Güterexport angeschlossen (IHK Bayern und BStMWIVT 2009).

Beim Dienstleistungsexport gibt es weder im Gemeinschaftsgebiet noch im Handel mit Drittländern tarifäre Handelshemmnisse. Hier sind es vielmehr kulturelle und sprachliche Barrieren sowie nationale Vorschriften, wie etwa Einreise- und Aufenthaltsbestimmungen, Ausbildungsvorschriften oder steuerrechtliche Bestimmungen, die zu berücksichtigen sind. Im EU-Binnenmarkt zählt die Dienstleistungsfreiheit zu den Grundpfeilern, die bereits in den römischen Verträgen von 1957 festgehalten wurden. Trotzdem sind vor der Entsendung von ArbeitnehmerInnen verschiedene nationale Regelungen (Anmeldung beim Arbeitsamt, kollektivvertragliche Bestimmungen etc.) zu berücksichtigen.

Wie beim Warenexport ist auch zwischen einem **Dienstleistungsexport in Drittländer** und einem **Dienstleistungsexport innerhalb der EU** zu unterscheiden. Großteils sind die Prozessschritte beim Waren- und Dienstleistungsexport übereinstimmend, es sind jedoch für den Dienstleistungsexport keine speziellen Exportbewilligungen oder –dokumente nötig. Müssen für die Erbringung einer Dienstleistung Waren (z. B. Werkzeug) temporär in ein Drittland ausgeführt werden, so kommt das Carnet ATA zur Verwendung (siehe dazu Abschn. 3.1). Des Weiteren gilt es insbesondere hinsichtlich **umsatzsteuerrechtlicher Regelungen** und der **Zusammenfassenden Meldung** bei innergemeinschaftlicher Leistungserbringung einige Unterschiede zu berücksichtigen, die im Folgenden näher beleuchtet werden.

M. Höfferer et al., *Der Exportprozess*, essentials,
DOI 10.1007/978-3-658-06133-3_4, © Springer Fachmedien Wiesbaden 2014

4.1 Umsatzsteuer bei grenzüberschreitender Dienstleistungserbringung

Grundsätzlich ist zwischen der Leistungserbringung an einen Unternehmer und der Leistungserbringung an eine Privatperson zu unterscheiden. Verwendet der EU-Leistungsempfänger eine UID-Nummer, so kann davon ausgegangen werden, dass es sich um einen Unternehmer handelt. Die Gültigkeit der UID-Nummer ist analog zu den innergemeinschaftlichen Warenlieferungen zu überprüfen. Bei Kunden aus einem Drittland kann die Unternehmereigenschaft durch eine Bestätigung der jeweiligen Steuerbehörde erfolgen (WKO 2012a).

Beim **grenzüberschreitenden Dienstleistungsverkehr innerhalb der EU** an Unternehmer unterliegt die Leistung grundsätzlich dem Umsatzsteuerrecht des Empfängerortes („**Empfängerortprinzip**"). Hat der Leistungserbringer keinen Sitz im Land des Kunden, so kommt die „**Reverse-Charge**"-**Regelung** zum Tragen. Das bedeutet, dass die Umsatzsteuerschuld auf den Leistungsempfänger übertragen wird, dieser den zu bezahlenden Betrag berechnen und nach den Bestimmungen der Reverse-Charge-Regelung in seinem eigenen Land abführen muss. Der Betrag kann zum Vorsteuerabzug geltend gemacht werden. Der Dienstleister darf in solchen Fällen keine Umsatzsteuer in der Rechnung anführen (Verweis auf die Steuerfreiheit und auf die Umkehr der Steuerschuld z. B. durch den Hinweis „reverse charge"). Sonderregelungen gelten etwa für Dienstleistungen im Zusammenhang mit Grundstücken, der kurzfristigen Fahrzeugüberlassung, sowie für Restaurations- und Verpflegungsdienstleistungen und Eintritte für Messen (die Webseite der Europäischen Kommission *Steuern und Zollunion* bietet eine Übersicht über Ausnahmeregelungen).

Bei **grenzüberschreitender Dienstleistungserbringung an Privatpersonen** in der EU ist immer der leistende Unternehmer umsatzsteuerpflichtig. Grundsätzlich kommt dabei das **Unternehmensortsprinzip** zum Tragen, das heißt, die Umsatzsteuer ist an dem Ort abzuführen, an dem der Dienstleistungserbringer eine Betriebsstätte hat. Aufgrund von diversen Sonderbestimmungen (z. B. zur Güterbeförderung) ist es jedoch auch in vielen Fällen so, dass die Umsatzsteuerregelungen des Empfängerortes zur Anwendung kommen und die Umsatzsteuer dort zu entrichten ist (eine Übersicht über die Ausnahmeregelungen bietet ebenfalls die Webseite der Europäischen Kommission unter *Steuern und Zollunion*). Unternehmen, die solchen Sonderregelungen unterliegen, müssen sich daher im Empfängerland steuerlich registrieren lassen (WKT 2012a).

Die Umsatzsteuerrichtlinien sind von Land zu Land sehr unterschiedlich. Daher wird bei **Dienstleistungsexporten in Drittländer** empfohlen, sich über die jeweils geltenden Regelungen zu informieren. In einigen Drittländern, wie etwa Norwegen und der Schweiz, ist prinzipiell der Dienstleistungsempfänger steuerpflichtig (IHK Bayern und BStMWIVT 2009; WKT 2012). Dasselbe gibt beispielsweise in Ländern, deren Besteuerungssystem nicht mit dem des ausländischen Dienstleistungserbringers verglichen werden können (z. B. in den Vereinigten Emiraten) oder in denen der Dienstleister kein Steuergegenstand ist (z. B. in den USA) (IHK Bayern und BStMWIVT 2009).

4.2 Zusammenfassende Meldung

Dienstleistungen an Unternehmer in anderen Mitgliedsstaaten der EU sind wie auch innergemeinschaftliche Lieferungen im Rahmen der Zusammenfassenden Meldung an das Bundeszentralamt für Steuern in Deutschland bzw. das Finanzamt in Österreich zu erfassen. Dies gilt jedoch nur für Dienstleistungen, welche der Reverse-Charge-Regelung unterliegen und somit netto verrechnet werden.

Besonderheiten beim Import

Aus der Sicht der EU-Mitgliedsstaaten wird zwischen dem **Import aus Drittländern** und dem **innergemeinschaftlichen Erwerb** unterschieden. Der Importprozess aus Drittländern in die EU ist relativ umfangreich und beinhaltet das **Einfuhrverfahren**, zu berücksichtigende **Einfuhrvorschriften**, die Ermittlung des **Zolltarifs** und der **Zollhöhe** sowie die Entrichtung der **Einfuhrumsatzsteuer**. Zusätzlich gibt es noch das sogenannte „**Zollverfahren 4200**". Im Folgenden werden die einzelnen Schritte im Importprozess genauer beschrieben.

5.1 Einfuhrverfahren

Um Zollanmeldungen abgeben zu können, ist der Importeur in der EU verpflichtet, eine **EORI-Nummer** zu beantragen (siehe Abschn. 3.1).

Der Importeur oder ein von ihm beauftragter Spediteur muss nach Ankunft der Ware an der Außengrenze eine **Zollanmeldung** durchführen. Bis zu einem Warenwert von € 1000,– genügt wie bei der Ausfuhr meist eine mündliche Zollanmeldung. Für Waren über diesem Wert ist entweder eine **elektronische Zollanmeldung** (in Deutschland mittels der ATLAS-Software, in Österreich mit e-zoll, in der Schweiz mit e-dec Export) durchzuführen oder eine Zollanmeldung mit den EU-weit einheitlichen Formularen 6, 7 und 8 des **Einheitspapiers** (Single Administrative Document, SAD) zu erstellen. Das Exemplar 6 des Einheitspapiers, die Zollanmeldung, verbleibt bei der Zollstelle, das Exemplar 7 ist für statistische Zwecke bestimmt, Nummer 8 verbleibt beim Importeur (Schütt 2011). Bei EU-Importwaren über einem Wert von € 10.000,– je Sendung muss dem Einheitspapier zusätzlich das Formular „Anmeldung der Angaben über den Zollwert D.V.1"

M. Höfferer et al., *Der Exportprozess*, essentials,
DOI 10.1007/978-3-658-06133-3_5, © Springer Fachmedien Wiesbaden 2014

beigefügt werden, sofern die Sendung nicht zollfrei ist. Bei Waren, die in der EU verbleiben sollen, ist außerdem die Überführung der Importwaren in den zoll- und steuerrechtlichen freien Verkehr zu beantragen.

Neben der Zollanmeldung muss der Importeur die Ware für eine **Zollbeschau**, die jedoch nur stichprobenartig durchgeführt wird, bereitstellen. Dabei werden die Menge und die Beschaffenheit der Importwaren zollamtlich überprüft.

5.2 Einfuhrvorschriften

Bevor man eine Ware aus dem Ausland bestellt und sich für deren Einfuhr verantwortlich macht, sollte man sich grundsätzlich über Einfuhrvorschriften und die dafür erforderlichen Dokumente erkundigen.

In der EU gelten nur für etwa fünf Prozent aller Waren **Einfuhrbeschränkungen**. Dies trifft beispielsweise auf bestimmten Textilien, Porzellan, Glaswaren oder Stahlprodukte aus Osteuropa und Asien zu. Bei quantitativen Einfuhrbeschränkungen (Quoten) muss der Importeur beim Zoll um einen Anteil dieser mengenmäßigen Begrenzung ansuchen, um die Waren einführen zu dürfen. **Einfuhrverbote** (Embargos) bestehen etwa für gesundheitsschädliche Dopingmittel aus Thailand oder China (Schütt 2011). Andere handelspolitische Maßnahmen sind beispielsweise die Erfordernis eines Gesundheitszeugnisses für die Einfuhr bestimmter Tiere oder die Einhaltung strenger Auflagen bei Waffenimporten (Schütt 2011).

Des Weiteren gibt es in der EU das System der **Antidumping- und Antisubventionszölle**, um EU-Unternehmen vor zu niedrig angesetzten Importpreisen zu schützen (Schütt 2011). Dumpingpreise sind dadurch charakterisiert, dass der Preis im Herstellerland höher ist als jener Preis, zu dem die Ware in ein anderes Land verkauft wird. Unter Subventionen versteht man finanzielle Beihilfen von Regierungen, die es dem Lieferanten ermöglichen, seine Waren im Ausland billiger anzubieten.

5.3 Zollhöhe

Die Zollhöhe hängt von der Zuordnung der Waren im Zolltarifschema ab. Sind dem Importeur der Warencode und das Herkunftsland bekannt, kann der Zollsatz mit Hilfe der **TARIC-Datenbank**, die über die Webseite der Europäischen Kommission erreicht werden kann, ermittelt werden. Der Zollsatz wird insbesondere auch von der Ursprungseigenschaft der Ware beeinflusst. Werden die Waren von einem Drittland importiert, welches ein Präferenzabkommen mit der EU oder dem jeweiligen Bestimmungsland abgeschlossen hat, werden **Zollpräferenzen** eingeräumt. Der präferenzielle Warenursprung muss durch entsprechende Dokumente nachgewiesen werden (siehe Abschn. 3.3).

Der **Zollbetrag**, auch Einfuhrzoll genannt, ergibt sich aus dem Zollwert (dem Transaktionswert der Ware) multipliziert mit dem Zollsatz. In manchen Fällen hängt der Zollbetrag anstelle des Zollwertes von Gewicht, Volumen oder der Stückzahl der Importwaren ab (Büter 2010). Kleinsendungen bis zu einer Wertgrenze von € 150,– sind zollfrei sowie von der Einfuhrumsatzsteuer befreit.

In der EU gibt es ferner Agrarzölle, wodurch etwaige niedrigere Erzeugerpreise dem EU-Standard angepasst werden, um landwirtschaftliche Betriebe in den EU-Mitgliedsstaaten zu schützen.

5.4 Einfuhrumsatzsteuer

Die Einfuhrumsatzsteuer (EUSt) ist eine nationale Steuer und entspricht den Umsatzsteuersätzen im Bestimmungsland. Die **Bemessungsgrundlage** dafür bilden der der Rechnungsbetrag, Zollabgaben sowie Frachtkosten, die bis zum ersten inländischen Bestimmungsort anfallen (Hartweg et al. 2012; Schütt 2011). Grundsätzlich entsteht die Steuerschuld zum Zeitpunkt der Annahme der Zollanmeldung.

Hinsichtlich der Bezahlung der EUSt unterscheidet man zwischen zwei Verfahrensarten, die bare und die unbare Entrichtung der EUSt.

Die **bare Entrichtung** ist das ursprüngliche Verfahren, bei dem die EUSt direkt an das Zollamt zu bezahlen ist. Im Monat der Entrichtung kann hierbei auch der Vorsteuerabzug geltend gemacht werden. Wird die EUSt nicht vom Warenempfänger selbst bezahlt, sondern beispielsweise durch einen Spediteur, so braucht dieser für die Durchführung des Vorsteuerabzugs den Zahlungsbeleg.

Die **unbare Entrichtung** ist ein neueres Verfahren und kann unter der Voraussetzung, dass der Importeur im Bestimmungsland umsatzsteuerpflichtig ist und die Waren für unternehmerische Zwecke einführt, anstelle der baren Entrichtung gewählt werden. Bei diesem Verfahren wird die vom Zollamt berechnete EUSt auf das Steuerkonto des Unternehmens gebucht und direkt an das Finanzamt übermittelt. Besteht aufgrund der Vorsteueranmeldung ein Überschuss auf dem Steuerkonto, muss keine Zahlung erfolgen. Ist das Guthaben geringer als die anfallende EUSt, wird ein Zahlschein ausgestellt. Der Einfuhrzoll ist aber auch bei diesem Verfahren an das Zollamt zu entrichten. Wenn ein Importeur von der unbaren Entrichtung

Gebrauch machen will, muss er das bereits bei der Zollanmeldung angeben. Vorsteuerabzugsberechtigte Unternehmen haben dabei den Vorteil, dass sie die EUSt nicht mehr vorfinanzieren müssen; nicht Vorsteuerabzugsberechtigte profitieren von der Verschiebung der Fälligkeit auf den 15. des Folgemonats (Hartweg et al. 2012; WKT 2012a).

5.5 Zollverfahren 4200

Ein Spediteur kann die Verzollung für den Empfänger als direkter oder indirekter Vertreter übernehmen. In diesem Fall ist das sogenannte „Zollverfahren 4200" anzuwenden.

Bei der **direkten Vertretung** bezahlt der Spediteur die Einfuhrabgaben entweder bar oder mittels eines auf den Unternehmer lautenden Zahlungsaufschubkontos. Bei der **indirekten Vertretung** wickelt der Spediteur die Zahlung mit einem Zahlungsaufschubkonto ab, das auf seinen Namen lautet. Gemäß dem Zollrecht der EU haftet der Spediteur in diesem Fall solidarisch für alle Einfuhrabgaben, es sei denn, der Unternehmer stellt dem Spediteur einen schriftlichen Auftrag zur Anwendung dieser EUSt-Regelung aus.

Treten Spediteure bei der Verzollung als indirekte Vertreter eines Unternehmens auf, das nicht in demselben EU-Mitgliedsstaat steuerlich erfasst ist wie die Spedition, gibt es die Möglichkeit, dass der Spediteur eine **Sonder-UID-Nr.** bei der zuständigen Finanzbehörde beantragt. Das ist notwendig, damit der Spediteur seine eigenen Umsätze von jenen der innergemeinschaftlichen Anschlusslieferung trennen kann. Hat der Vertretene eine eigene UID-Nr. im Mitgliedsstaat des Spediteurs, ist die Verwendung einer Sonder-UID-Nummer nicht erlaubt. Die innergemeinschaftliche Lieferung, welche direkt auf die Wareneinfuhr aus dem Drittland erfolgt, ist nach Antrag bei der Zollanmeldung steuerfrei. Jedoch muss dieser Transport buchmäßig nachgewiesen werden.

5.6 Innergemeinschaftlicher Erwerb

Ein innergemeinschaftlicher Erwerb erfolgt unter denselben Voraussetzungen wie die innergemeinschaftliche Lieferung. Demnach muss der Handel zwischen zwei EU-Staaten erfolgen, die Waren müssen für unternehmerische Zwecke bestimmt sein, und sowohl Lieferant als auch Erwerber müssen regelbesteuerte Unternehmer sein.

Hinsichtlich der steuerrechtlichen Behandlung gilt das **Bestimmungslandprinzip**, wonach die Erwerbssteuer (Umsatzsteuer) durch den Empfänger im Bestimmungsland abgeführt werden muss. Diese kann jedoch im Rahmen des Vorsteuerabzuges geltend gemacht werden.

Ist der Verbleib der Waren im Bestimmungsland vorgesehen, muss neben dem Lieferanten auch der Empfänger eine **Intrastat-Meldung** im Monat des Erwerbs abgeben. Dies ist auch bei unentgeltlich erworbenen Gütern notwendig. Ausgenommen sind in Deutschland und Österreich Unternehmen, deren innergemeinschaftliche Eingänge im Vorjahr weniger als € 500.000,– ausgemacht haben. Bei Überschreiten dieses Wertes während eines Kalenderjahres ist der Unternehmer ab jenem Monat zur Meldung verpflichtet, in dem der Schwellenwert überschritten wird.

Fazit

Die reibungslose Abwicklung des Export- und Importprozesses kann die Erfolgschancen der grenzüberschreitenden Geschäftätigkeit erheblich beeinflussen. Daher sollten Unternehmen Einfuhrvorschriften, Registrierungspflichten, Dokumentenerfordernisse, Steuer- und Meldepflichten sowie eventuell Einfuhrabgaben berücksichtigen. Auch wenn man die physische Durchführung einzelner Aktivitäten beispielsweise einem Spediteur überlässt, muss sich der/die UnternehmerIn darüber im Klaren sein, dass er/sie dennoch die finale Verantwortung trägt. Für die erfolgreiche Export- oder Importabwicklung ist es daher besonders wichtig, sich in jedem Fall im Vorhinein gründlich über alle anzuwendenden Regelungen zu informieren sowie einen guten Kontakt zu den involvierten Behörden zu pflegen.

Was Sie aus diesem Essential mitnehmen können

- Führt Schritt für Schritt in den Ablauf eines internationalen Waren- oder Dienstleistungsgeschäfts ein.
- Verdeutlicht die unterschiedlichen Anforderungen bei der Abwicklung innergemeinschaftlicher Lieferungen und bei Geschäften mit Drittländern.
- Verschafft ein solides Verständnis der beim Export zu berücksichtigenden Abläufe und Vorschriften.
- Gibt einen Einblick in die Spezifika des Importprozesses und des Dienstleistungsexports.
- Dient als kompakter Leitfaden für die Exportabwicklung.

M. Höfferer et al., *Der Exportprozess*, essentials,
DOI 10.1007/978-3-658-06133-3, © Springer Fachmedien Wiesbaden 2014

Literatur

Andrée, W., Burg, H. v. d., Elbers, F., Feldmann, H., Jooß, J., Kussel, R., Laudwein, G., Ludwig, R., Nieländer, H., Riedel, C., Schaible, G., Schönborn, G., Schouren, J., Schröder, H.-J., Thorwesten, M., Wälter, K., & Wiebusch, M. (2010). *Praktische Arbeitshilfe Export/Import: Basisinformationen und Hinweise zu Formularen. IHK Nordrhein-Westfalen* (15. Aufl.). Bielefeld: Bertelsmann.

Büter, C. (2010). *Außenhandel: Grundlagen globaler und innergemeinschaftlicher Handelsbeziehungen* (2. Aufl). Berlin: Springer.

Europäische Kommission. (Hrsg.). (2012). Annex 1: Thresholds. http://ec.europa.eu/taxation_customs/resources/documents/taxation/vat/traders/vat_community/vat_in_ec_annexi.pdf. Zugegriffen: 1. April 2014.

Europäische Kommission. (Hrsg.). (2014). Die Mehrwertsteuersätze in den Mitgliedstaaten der Europäischen Union. http://ec.europa.eu/taxation_customs/resources/documents/taxation/vat/how_vat_works/rates/vat_rates_de.pdf. Zugegriffen: 1. April 2014. (Stand: 13. Januar 2014).

Europäische Union. (2005). Amtsblatt der Europäischen Union Nr. L 321/108: Anhang Iva. Veröffentlicht am 8. Dezember 2005. http://www.zoll.de/SharedDocs/Downloads/DE/Links-fuer-Inhaltseiten/Fachthemen/Warenursprung-Praeferenzen/ewi.pdf?__blob=publicationFile. Zugegriffen: 31. Juli 2012.

EZV. (Hrsg.). (2008). Zollinformation Firmen: Zollverfahren – Carnet ATA. http://www.ezv.admin.ch/zollinfo_firmen/verzollung/00367/index.html?lang=de. Zugegriffen: 25. Juli 2012.

Hartweg, P., Herzig, H., Kandlhofer, F., & Kubanek, P. (2012). *Rechtstipps für internationale Warenlieferungen: Ein Leitfaden für Importeure und Exporteure.* St. Pölten: Wirtschaftskammer Niederösterreich.

IHK Bayern & BStMWIVT. (Hrsg.). (2009). http://www.ihk-regensburg.de/ihk-r/autoupload/officefiles/Dienstleistungsratgeber_Bayern.pdf. Zugegriffen 23. Juni 2014.

Pfalz, I. H. K. (Hrsg.). (2012). International: Welt – Holzverpackungen beim Export. Dokument-Nr. 14034. http://www.pfalz.ihk24.de/international/Export_Import/export/laendernachrichten/579448/Welt_Holzverpackungen_beim_Export.html. Zugegriffen: 24. Juli 2012.

Ruhm, T. (2013). Der Exportvertrag. In D. Sternad, M. Höfferer, & G. Haber (Hrsg.), *Grundlagen Export und Internationalisierung* (S. 245–260). Wiesbaden: Springer Gabler.

M. Höfferer et al., *Der Exportprozess*, essentials,
DOI 10.1007/978-3-658-06133-3, © Springer Fachmedien Wiesbaden 2014

Schlick, H. (2011). *Außenhandel: Internationale Handelsgeschäfte*. Köln: Bildungsverlag EINS.

Schütt, R. (2011). *Import-Export Business: Praktiker-Handbuch für den Einstieg in den internationalen Handel mit den interessantesten Informations- und Bezugsquellen weltweit*. Marburg: Schütt.

Sternad, D., Höfferer, M., & Haber, G. (Hrsg.). (2013). *Grundlagen Export und Internationalisierung*. Wiesbaden: Springer Gabler.

Stöger, G. (2008). *Praxistipps für grenzüberschreitende Lieferungen: Erfolgreich in die EU und in die ganze Welt* (2. Aufl). Wien: Kitzler.

WKO. (Hrsg.). (2012). Wirtschaftskammer Österreich go-international: Export-Navi. http://www.go-international.at/go-international/exportnavi/Export__Navi/index.php. Zugegriffen: 4. Juli 2012.

WKO. (Hrsg.). (2012a). Umsatzsteuer von Dienstleistungen für ausländische Unternehmer – B2B Leistungen. http://portal.wko.at/wk/format_detail.wk?angid=1&stid=575003&dstid=519&titel=Umsatzsteuer%2Cvon%2CDienstleistungen%2Cf%C3%BCr%2Causl%C3%A4ndische%2CUnternehmer%2C%E2%80%93%2CB2B%2CLeistungen. Zugegriffen: 25. Juli 2012.

WKO. (Hrsg.). (2012b). EORI – Registrierungspflicht aller im Außenhandel tätigen Unternehmen. http://portal.wko.at/wk/format_detail.wk?AngID=1&StID=491563&DstID=0&BrID=25. Zugegriffen: 18. Okt. 2012.

WKT. (Hrsg.). (2012). Exporthandbuch der Wirtschaftskammer Tirol. http://www.exporthandbuch.at/index2.php. Zugegriffen: 4. Juli 2012.

WKT. (Hrsg.). (2012a). Export-/Importabwicklung: Wir beantworten alle Fragen zum Import- bzw. Exportgeschäft. http://portal.wko.at/wk/format_detail.wk?angid=1&stid=527826&dstid=1432&opennavid=0. Zugegriffen: 25. Juli 2012.